ICONOGRAPHIE

DU ROI RENÉ, DE JEANNE DE LAVAL

ET D'AUTRES PRINCES DE LA MAISON D'ANJOU

Extrait de la Revue historique et archéologique du Maine.

Tiré à 50 exemplaires.

Mamers. — Typ. de G. FLEURY et A. DANGIN. — 1879.

ICONOGRAPHIE

DU ROI RENÉ

DE JEANNE DE LAVAL, SA SECONDE FEMME

ET DE DIVERS AUTRES PRINCES DE LA MAISON D'ANJOU

LOUIS II, YOLANDE D'ARAGON,

JEAN DUC DE CALABRE, CHARLES IV COMTE DU MAINE

ET FERRY II COMTE DE VAUDEMONT

PAR

EUGÈNE HUCHER

LE MANS.

ED. MONNOYER
IMPRIMEUR-LIBRAIRE
Place des Jacobins.

PELLECHAT
LIBRAIRE
Rue Saint-Jacques.

1879

ICONOGRAPHIE

DU ROI RENÉ

DE JEANNE DE LAVAL, SA SECONDE FEMME

ET DE

DIVERS AUTRES PRINCES DE LA MAISON D'ANJOU

M. Aloïss Heiss, l'auteur de savantes recherches sur les monnaies d'Espagne a fait connaître, dans l'Annuaire de la Société Française de Numismatique, pour 1878, une médaille italienne (1) qui a pour nous, habitants du Maine, une importance exceptionnelle. Il s'agit d'une grande et belle pièce, du diamètre de quatre-vingt-dix millimètres, c'est-à-dire d'un des plus grands formats connus, sauf quelques médailles françaises encore plus grandes.

Cette pièce fondue ou ciselée, dans tous les cas modelée dans ce sentiment délicat et franchement naturaliste, cher

(1) L'auteur de cette médaille, Francesco Laurana est peu connu; il a surtout travaillé pendant les années 1461, 1462, 1463 et 1464. Est-ce le même personnage que celui qui est mentionné en mars 1478, comme venant à Marseille, présenter à René « certains ouvraiges d'ymaigeries en painture », il est nommé *Francisco Laurens.* (*Le Roi René*, pièces justificatives, p. 378.) Est-ce encore le même qui, sous le même nom *Laurens*, travaillait, comme fondeur et ciseleur en 1490, au mausolée de Ferry II, comte de Lorraine et de Vaudemont, de qui nous parlerons plus loin? (A. Bérard, *Dictionnaire des artistes français*, Paris 1872.) Ces questions doivent rester en ce moment sans solution. Mais l'affirmative semble bien probable.

au génie italien, représente Jeanne de Laval, seconde femme du Roi René, charmante princesse que René aima d'amour et qu'il épousa sous l'empire violent de ce sentiment bien qu'elle ne fût pas de son rang (1), qu'elle n'eût qu'une dot minime et que sa famille n'eût que peu ou point de crédit personnel.

Ces sortes d'alliances sont trop rares dans ce rang suprême, pour n'être pas relevées par l'histoire et célébrées par les fervents amis du beau et du bon. Elles font l'éloge de chacun des époux, du mari qui est assez sage pour préférer le bonheur du foyer, à l'éclat et au faste, de la femme, qui par ses qualités personnelles, a su s'attirer la vive et sincère affection d'un époux désormais affranchi des illusions de la jeunesse. René, en effet, était arrivé à l'âge (quarante-cinq ans) où l'on pré-

(1) Sans doute la maison de Laval ne pouvait entrer en parallèle avec celle d'Anjou-Sicile qui tenait de si près à la couronne de France ; néanmoins les Sires de Laval alliés aux ducs d'Alençon, aux Montmorency, aux Châteaubriant, barons de Vitré et vicomtes de Rennes, pouvaient marcher de pair avec les meilleures familles de France. Guy XV, frère de Jeanne de Laval, épousa en 1461, Catherine, fille de Jean le Beau, duc d'Alençon, et, en considération de ce mariage, Louis XI lui accorda en 1463, la prérogative bien rare, d'écarteler dans son écu, des armes de France ; c'est pour cela sans nul doute, qu'en 1480-1483 lorsque Jeanne de Laval donna à l'église de Sablé (Sarthe), le vitrail placé dans le chœur du côté de l'épitre, elle fit placer les armes de France sans brisure, au 1er écart de son blason que nous avons reconnu avec bonheur au sommet de la lancette de gauche de cette fenêtre. Ce blason, mi-parti d'Anjou et de Laval, est accompagné dans l'autre lancette du blason plein de Laval qui est celui de Guy XV son frère aîné ou peut être de Pierre de Laval, son autre frère, qui mourut archevêque de Reims ; il porte *le même écart de France.*

Du Tillet cite une lettre du Roi Louis XI datée du Mans du 19 novembre 1467, qui dit « considérant la proximité de lignage en quoi il nous atteint, » avons octroyé et octroyons par ces présentes, et par privilège spécial et » à ses hoirs comtes de Laval, que doresnavant ils soyent en *tels honneurs,* » *lieu de prééminence en ambassades et en tous autres lieux* où il se » trouvera, *qu'il précède nostre chancelier et tous les prélats de nostre* » *royaume*, tout ainsi qu'ont fait et font nos très chers et amés cousins les » comtes d'Armagnac, de Foix et de Vendosme ».

Plus tard on retrouve le même *écart de France* dans les sceaux de Guy XVI (1507), de Guy XVII (1542) et de Claude de Foix, sa femme (1542). *Sceaux des Archives nationales*, par M. Douët d'Arcq.

fère les qualités du cœur aux charmes physiques et souvent décevants de la personne ; et cependant était-ce instinct secret ou combinaison providentielle, René n'avait pas vu Jeanne de Laval avant son mariage. Il ne la connaissait que par ouï dire ou tout au plus par un portrait qu'on lui fit voir (1).

La médaille que nous publions d'après l'autorisation de MM. Heiss et de Ponton d'Amécourt, consacre la réalité et l'énergie du sentiment qui captivait encore René, même en 1461 c'est-à-dire sept ans après son mariage qui eut lieu en 1454, le 10 septembre. Rien de plus tendre que la représentation du revers. Deux tourtereaux unis par un lien partant de colliers entourant leur col, sont perchés, côte à côte sur une branche de groseillier, reconnaissable aux fruits très caractérisés, bien qu'un peu systématiques de la branche (2).

(1) « Tandis qu'il demandait à la guerre une diversion momentanée à sa » douleur, ses amis lui cherchaient une compagne capable de lui procurer » des consolations plus durables. Ils fixèrent leurs vues sur Jeanne de » Laval, fille de Gui XIV, comte de Laval, et d'Isabelle de Bretagne et la » lui proposèrent.

» On a prétendu et répété souvent que cette princesse, qui avait alors » vingt un ans environ, était secrètement aimée de lui, depuis un certain » tems, du vivant même de sa première femme et qu'elle avait notamment » rempli dans le pas de Tarascon, le rôle de la *Pastourelle* chargée de » distribuer les récompenses aux vainqueurs du tournoi. Elle était cepen- » dant bien jeune à l'époque de cette fête donnée en 1449. Mais des raisons » plus fortes, viennent détruire le petit roman échaffaudé sur cette base » par les historiens. En premier lieu, la bergère de Tarascon était Isabelle » de Lenoncourt et non Jeanne de Laval, comme le prouvent suffisamment » les comptes du roi de Sicile.

» Ensuite l'origine de sa passion et les causes de son mariage sont » exposées tout différemment par ce prince lui-même, dans une églogue » champêtre où, comme Virgile, il a reproduit les faits réels sous le voile » d'une allégorie transparente ; le titre même du poëme, *Regnault et* » *Jeanneton* dissimule à peine les véritables noms du berger et de la » bergère mis en scène par l'auteur..... » *Le Roi René*, par M. Lecoy de la Marche.

(2) Voici ce que dit M. Heiss de la branche de groseillier sur laquelle les deux tourtereaux sont perchés : « La branche de groseillier est un emblème » mentionné plusieurs fois dans les *Comptes et Mémoriaux* du roi René ; » ainsi, p. 275, on lit « au petit retrait près la dite chambre du roy, ung » charlit, garny de lit, très doux et sarge blanche, avec deux landiers. La

Au-dessus, sur une banderolle chiffonnée, on lit cette éloquente devise PER NON PER, c'est-à-dire pour parler le français du XIXe siècle : *Paire sans pareille.*

Si nous disons aujourd'hui *une paire d'amoureux*, au moyen âge, le mot *per* était au contraire de tous les genres comme *par* en latin.

M. Heiss a cité avec beaucoup de tact, ce vers de la chanson de Roland :

« *Il a ceinte Joyeuse, onque ne fut sa per.*

» *Vous et moi ferons un nouveau pair d'amitié, telle que feut entre Enée et Achates* ». (Rabelais, *Pantagruel*, 11, 19.) Dans Villon, M. Heiss a trouvé un passage qui rappelle notre devise. « *Ilz repurent per ou non per.* » (*Franches repues.*)

Quoi qu'il en soit, notre médaille composée, cela n'est pas douteux, par le roi René lui-même, est un témoignage incontestable du bonheur des deux époux, si longtemps après leur union.

Sous la banderolle, on lit la date précieuse pour l'histoire de l'art, de 1461.

Puis à l'exergue, FRANCISCVS LAVRANA FECIT. Il faut convenir que les artistes italiens de cette époque, au rebours de nos modestes graveurs ou sculpteurs français, n'ont jamais manqué de signer leurs œuvres en caractères très

» dite chambre painte *a groiseliers dont les groyselles sont rouges*. Il y » avait aussi au manoir de Reculée, en Anjou, une chambre peinte en » groseilles. »

« La branche de groseillier chargée de fruits est peut-être l'emblême » d'une fécondité désirée », page 8.

Le manoir de Reculée, bâti par René et Jeanne en 1466, était situé à la porte d'Angers, sur le bord de la Maine. Jeanne y allait très souvent en villégiature car elle adorait la campagne. Simon Brehier, son argentier, en était gouverneur. *Le Roi René*, par M. Lecoy de la Marche.

Les emblêmes des groseilles, des chaufferettes et autres, peints par René lui-même, selon toute vraisemblance sur les murs de Reculée, s'appliquaient donc à Jeanne de Laval.

apparents, en cela ils ont travaillé pour eux et pour nous qui avons là des jalons précieux à exploiter pour l'histoire de l'art, pendant que, le plus souvent, le mutisme de nos monuments nationaux nous jette dans l'incertitude la plus profonde sur leur origine.

Le droit de la médaille reproduit le buste de Jeanne de Laval dans toute la splendeur de son costume d'apparat, *elle porte couronne* comme disent nos anciens romanciers, ce qui n'arrivait guères qu'aux grandes fêtes de l'année; bien plus la légende accumule comme à plaisir les titres les plus augustes; c'est d'abord l'expression DIVA sœur du mot *divus* que le même Laurana avait associé déjà au nom de Louis XI dans la médaille au revers de *concordia augusta* publiée par M. Chabouillet, croyons-nous, dans le *Magasin pittoresque*, année 1850, p. 272.

M. Chabouillet donne à cette expression la signification de *pieux*, c'était en effet tout ce qu'un artiste chrétien pouvait vouloir exprimer; mais dans l'antiquité, où l'on avait été chercher cet adjectif, il est certain qu'on allait plus loin et que les légendes DIVVS et DIVOS IVLIVS, ou DIVVS AVGVSTVS enfin CAESAR. DIVI. F. voulaient dire autre chose.

La légende continue par le mot IOANNA sans H, comme pour accentuer davantage la patrie d'émission, puisqu'en France nous écrivions encore *Jehanne* et par conséquent *Johanna*; mais l'Italie n'admettait pas cette aspiration un peu tudesque. Puis viennent les mots REGINA SICILIE qui sont immédiatement suivis du terme caractéristique *et cetera* assez bizarrement encadré dans cette légende pompeuse.

Jeanne, hélas! était reine sans royauté; il est assez curieux même que ce soient ces titres de roi et reine de Sicile qui servent à désigner presque toujours ces époux débonnaires plus faits pour goûter les paisibles jouissances de la vie d'artiste ou les suaves délices du séjour des champs (1) que

(1) On connaît, dit M. Lecoy de la Marche, dans son excellent livre sur

pour affronter les périlleux honneurs attachés à ces trônes lointains qu'il eût d'abord fallu conquérir. Le mot *et cetera* en dit long : en effet René a pris officiellement sur un beau sceau dont on possède la matrice en acier aux Archives nationales, numéro 11785, les titres suivants : *René par la grâce de Dieu roi de Jérusalem, de Sicile, d'Aragon et cetera* (en abrégé). On voit que l'expression *et cetera* flattait singulièrement l'amour propre du bon René que trois royaumes ne satisfaisaient pas. Mais ce n'était là encore qu'une faible partie des titres compris dans cette formule, en effet René portait de plus, dans certaines occasions, les titres de roi de Valence, Maillorque, Sardaigne et Corseigne, duc d'Anjou et de Bar, marquis du Pont, comte de Barcelone, de Provence, de Forcalquier, du Maine et de Guyse, et d'autres que nous omettons (1).

La tête de Jeanne de Laval dont notre photographie donne une idée plus exacte que ne pourrait le faire une gravure au burin est celle d'une femme encore jeune et en effet cette princesse mariée en 1454 à l'âge de vingt-un ans, n'avait que vingt-huit ans lorsque Francesco Laurana fit son portrait, pour modeler le coin de cette médaille. Le profil est fin, bien que le front soit un peu saillant et le nez assez éloigné de la ligne grecque. Les yeux sont petits mais réguliers, et les deux paupières se maintiennent dans un état plus normal

le Roi René, premier volume, p. 303, ces vers souvent cités de Georges Chastelain :

J'ay un roi de Sicile
Vu devenir berger,
Et sa femme gentille
Faire même métier,
Portant la panetière
Et houlette et chapeau,
Logeant sur la fougère
Auprès de son troupeau.

(1) Sceaux de René comme duc de Bar et roi de Sicile, nos 809 à 811 et 11781 à 11785 de la *Collection des Sceaux des Archives nationales* par M. Douët d'Arcq.

que n'accuse la gravure donnée par l'*Annuaire de Numismatique*, bien qu'ils soient un peu inclinés vers le nez.

La médaille aux bustes conjugués de René et de Jeanne au revers de *la paix* qui est aussi de Francesco Laurana donne au profil de Jeanne les mêmes qualités et les mêmes défauts. Une assez bonne figure de cette dernière médaille est reproduite dans le *Magasin pittoresque* de l'année 1853, page 208 (1). L'auteur de l'article fort intéressant qui accompagne cette reproduction est, croyons-nous, M. Chabouillet, le savant directeur du cabinet des médailles ; cette médaille, qui venait d'être acquise par cet établissement, donne au front de Jeanne peut-être un peu moins de saillie, mais le nez est toujours un peu creux et l'extrémité en est proéminante, l'œil est aussi un peu incliné vers le nez. D'ailleurs la saillie du front dans notre médaille actuelle est surtout accusée par la coiffure de Jeanne très rejetée en arrière.

Continuons l'examen de notre médaille : Au-dessus d'un bonnet décoré d'un listel et d'un système de rosaces, est placée une de ces vastes couronnes qui partant du front montent au sommet de la tête, comme une tiare et descendent jusqu'à la nuque, deux rubans d'attache tombent derrière

(1) M. Lecoy de la Marche décrit aussi cette médaille dans son ouvrage intitulé *Le Roi René*, 2e volume page 125. Voici son appréciation sur les portraits du roi et de la reine : « Le ciseleur n'a pas donné à sa physionomie » les mêmes traits que les miniaturistes ; dans les manuscrits, dans le » triptyque du *Buisson ardent*, l'expression est plus majestueuse, le nez » presque aquilin ; ici la figure est légèrement bouffie et le nez plutôt » relevé, la tête est coiffée d'un bonnet rond sans ornements. La reine a » la figure longue et un peu roide ; mais l'instrument et la matière étaient » plus rebelles pour les graveurs que pour les peintres, et il est à croire « que l'artiste n'aura pu reproduire exactement son modèle. »

Pour nous qui avons sous les yeux le triptyque d'Aix et le diptyque de M. Chazaud autrefois donné par le roi René lui-même à Jean de Matheron, son ami, nous croyons que René avait réellement le nez un peu relevé tel que l'a représenté Francesco Laurana qui nous semble être un grand dessinateur, et à l'abri d'une erreur de ce genre. Le triptyque d'Aix, en le regardant avec attention, confirme cette donnée, le nez de René n'a rien d'aquilin. Nous donnerons plus loin les portraits des deux époux d'après ces authentiques peintures.

le col dont la forme est fine et gracieuse. Sur les épaules on voit un collier dont les chaînons ont été pris pour des croissants. M. Heiss n'hésite pas à cet égard et nous ne contesterons pas ses assertions, car l'objet du litige est trop indécis.

« Le collier, dit-il, que porte Jeanne de Laval, est celui » de l'ordre du Croissant, institué par son mari, le 11 août » 1448. Bien que les femmes ne fissent point partie de cet » ordre de chevalerie, on voit que la reine de Sicile en portait » les insignes dans son costume officiel. »

« Dans les comptes et mémoriaux du roi aux numéros » 539 et 548, il est fait mention de *colliers d'or à l'ordre du* » *Roy ;* mais la forme n'en est pas indiquée ; la médaille de » Jeanne de Laval nous la fait connaître (1). »

Cette médaille est précieuse au point de vue iconographique surtout. On sait combien sont rares les portraits des personnages français du XVe siècle. L'art ambiant n'était pas chez nous dans une situation très favorable au progrès du genre portrait, nous n'avions en France ni les Van Eyck, ni les Hemling des pays septentrionaux, ni les Giotto ou les Pérugin des régions méridionales ; la gravure en médailles parquée dans l'imitation servile des monnaies (les *desirés*, les *jetoirs*), ne cherchait pas à buriner les portraits des personnages célèbres, aussi les ducs d'Anjou et notamment le roi artiste, René Ier, s'étaient-ils adressés aux graveurs italiens pour obtenir des représentations fidèles de leurs personnes.

C'était le moment où l'école des graveurs italiens voyait briller les Vittore Pisano, les Laurana, les Pietro di Milano et tant d'autres artistes éminents qui savaient allier une haute dose de naturalisme au charme si puissant du

(1) Voyez ce que nous disons plus loin au sujet du tableau-diptyque de M. Firmin-Didot, lequel n'est, comme l'on sait, qu'une copie de celui de la famille de Matheron, mais amplifié quant aux détails, parmi lesquels figurerait le collier de l'ordre du Croissant.

style; M. Chabouillet qu'il faut toujours citer lorsqu'on parle des médailles italiennes, a nommé à la suite de ces artistes et luttant avec eux de grâce et d'énergie Matteo Pasti de Vérone, Giulio de la Torre, Giovanni Maria Pomedello, il Caroto, Paolo, de Raguse, Sperandio, de Mantoue, Giovanni Boldu, de Venise, Giovanni Zacchi, de la même ville, Caradosso Foppa, enfin Benvenuto Cellini de Florence (1).

René profita sans doute de son séjour en Italie où ces médailles franchement naturalistes et qui rendaient l'expression des personnages *ad vivum* avaient un grand succès, pour prier Laurana de faire revivre les traits de sa chère Jeanne sur le bronze, en même temps qu'il faisait modeler sa figure par Pietro di Milano. Ces deux médailles sont les plus anciennes en date (1461).

On voit que René s'adressait simultanément à deux artistes différents Laurana et Pietro di Milano.

Nos confrères ont sous les yeux la médaille en l'honneur de Jeanne; celle qui représente René nous paraît d'un mérite au moins égal: elle est d'un caractère réaliste, qui ne dissimule ni le nez camard du roi René, ni la lourdeur de sa mâchoire inférieure. Il en existe un exemplaire au cabinet des médailles de la Bibliothèque nationale que M. Lecoy de la Marche a signalé à la page 125 du *Roi René*, sous le numéro 2999 [a], son diamètre est de quatre-vingt-deux millimètres. Nous en donnons ici la photographie.

René est coiffé d'un bonnet un peu relevé sur les oreilles, il porte un vêtement à boutons très saillants. La légende est ✝ RENATVS . DEI GRACIA . IHERVSALEM ET SICILIE REX ET CETERA. C'est la même phraséologie que celle de la médaille de Laurana. Ce qui prouve bien que ces deux médailles ont été commandées en même temps.

Le revers sur lequel on a beaucoup disserté, se laisse difficilement deviner.

(1) *Magasin pittoresque*, 1833, p. 358.

On dirait un bonnet sur lequel se détachent en gothique les deux initiales R. I. de René et de Jeanne, et qui semble serré par quatre lacs d'amour réunis au sommet.

Le tout est accosté des deux mots (en un). Ce rebus bizarre équivaudrait-il à ce dicton familier : *deux têtes dans un même bonnet*. Cette interprétation, que nous hasardons sans grande confiance dans son mérite, serait la contre partie du revers *per non per* de la médaille de Jeanne.

Disons cependant que les auteurs du *Trésor de numismatique et de glyptique* (*Médailles Italiennes*, 2e volume, planche No XIV), voient dans ce qui nous paraît être un bonnet, *une bourse* qui pour se prêter à cette explication devrait être représentée renversée, le fonds en l'air, ce qui semblerait bizarre. Du reste les critiques ont beaucoup varié sur l'explication de ce symbole singulier ; M. Fauris de Saint-Vincent fils, y avait trouvé une masse chargée de trois unités (R et I) l'R comptant sans doute pour deux unités, d'où une allusion à la Sainte Trinité ; M. Champollion Figeac, tout en faisant justice de cette inadmissible interprétation, puisque l'R et l'I sont irrécusables, regarde néanmoins l'objet comme une masse. — MM. les auteurs du *Trésor* qui ont examiné avec soin les Heures du roi René à la Bibliothèque nationale où cet emblème est souvent représenté, le regardent comme une bourse et ajoutent : « Peut-être le » roi René voulut-il faire entendre par l'inscription gravée » sur la bourse : *René et Jeanne en un*, que son cœur et » celui de sa seconde femme Jeanne de Laval y étaient » renfermés. » Mais cette idée semble un peu cherchée.

Cette médaille qui était en 1834 au cabinet du duc de Florence est aussi maintenant au cabinet des médailles de la Bibliothèque nationale.

Le champ est occupé par les extrémités flottantes des lacs d'amour; à l'exergue on lit :

OPVS
PETRVS
DE MEDIOLANO

Sur les autres médailles on lit PETRI au génitif (1).

Le grènetis du pourtour est formé par une orle de chicots ou de troncs d'arbres découpés. René a prodigué ce symbole.

Il n'existe pas de monument de bronze sur lequel la tête du roi soit mieux accentuée tant à raison de l'excellent dessin que du moulage parfait de la médaille. Cette tête contrôle avec une grande autorité les peintures du diptyque de M. Chazaud et du triptyque d'Aix dont nous parlerons plus loin. Il existe cependant une médaille représentant aussi le roi René seul, au cabinet impérial de Vienne ; et la représentation de son facies n'est pas à dédaigner ; néanmoins nous préférons la médaille précédente. Cette médaille de Vienne a une légende peu modeste, on y lit : HIC RENATVS FILIVS REGVM SCICILÆ *(sic)* AVDIACIOR . AVO . ET CETERA. On retrouve encore ici la formule *et cetera* chère à René, mais que dire des mots AVDIACIOR AVO ?

Le mot HIC était dans la phraséologie du temps et le titre FILIVS REGVM est là pour appuyer sa compétition au trône de Sicile.

René a toujours sur la tête, son bonnet de prédilection ; mais il porte exceptionnellement une armure et son casque tout fleurdelysé est à côté de lui avec sa couronne.

Un an s'était à peine écoulé que René commandait à chacun de ces mêmes graveurs Laurana et Pietro di Milano une médaille de dimension plus grande encore que les trois précédentes, représentant les bustes conjugués de René et de Jeanne. Nous donnons ici la photographie de ces médailles.

(1) Notamment sur celle aux bustes conjugués de René et de Jeanne au revers du ballet, et celle de Ferry de Vaudemont au revers du cavalier, qui porte en légende FEDERICVS . DE . LOTORINGIA . COMES . VAVLDEMONTIS . SENESCALLVS . PROVINCIE . OPVS . PETRI . DE . MEDIOLANO dont nous parlons plus loin.

Celle de Pietro est la plus grande, elle mesure dix centimètres de diamètre; le moulage n'en a pas été très soigné, le nez de Jeanne a tréflé ce qui lui donne, ainsi qu'à la bouche, et par suite au front un peu plus de largeur que ne le comportait le modèle primitif.

Cette irrégularité qui entache aussi, mais à un degré moindre, la tête de René, empêche qu'on ne se rende un compte bien exact des traits des deux personnages, néanmoins le profil un peu boudeur (1) de René rappelle bien l'excellent galbe de la médaille au buste unique de 1461 dont nous venons de parler.

Quant à Jeanne, ses traits un peu amortis par le tréflage, offrent un aspect doux et tranquille assez en rapport avec celui de la médaille au buste unique dont on doit la connaissance à M. Heiss.

René est coiffé d'une toque à aigrette, quant à Jeanne elle porte un bonnet plissé, à garnitures d'orfévrerie, très différent de celui de la médaille de 1461.

La légende de cette médaille est assez obscure. On y lit :

CONCORDES ANIMI . IAM . CECO . CARPIMVR IGNI
ET PIETATE GRAVES . ET LVSTRES LILII FLORES.

C'est-à-dire en latin détestable : *Nous qui sommes aussi pieux que nobles nos âmes brûlent d'un amour aveugle et partagé.*

M. Chabouillet fait remarquer avec raison que les mots PIETATE GRAVES ne signifient pas seulement *pieux* mais encore que le blason des époux est *chargé de la croix* de Laval et que LVSTRES LILII FLORES (2) semble aussi faire

(1) Peut-être cet air boudeur, provenant de la saillie des lèvres, doit-il être attribué aux stygmates que laissèrent, sur le visage de René, les deux blessures qu'il reçut à la bataille de Bulgnéville en 1431, l'une sous le nez l'autre à la lèvre.

(2) A propos des mots *Lustres lilii flores*, il est bon de citer la légende de plusieurs des monnaies de René : RENATVS EX LILIIS SICILIE CORONATVS.

allusion aux fleurs de lys de France qui entraient dans les blasons multiples de René.

Le revers de cette médaille est encore bien difficile à expliquer. On y voit un personnage coiffé d'un chapeau à larges bords, assis en plein air devant un palais décoré de colonnes, avec attique à fronton triangulaire et trois ou même cinq campaniles supérieurs, le tout de style grec ou romain. Sur les côtés des bâtiments en perspective, aux pieds du personnage qui doit être René, un petit chien, le même sans doute que nous voyons sur le triptyque d'Aix ; devant et derrière René, deux personnages dansant ou gesticulant, à droite et à gauche d'autres personnages se donnant la main et semblant prendre part à la scène.

Lorsque cette médaille fut publiée en 1834 dans le *Trésor de numismatique et de glyptique* les auteurs y virent René rendant la justice sur une place d'Aix. Plus tard, en 1853, M. Chabouillet, croyons-nous, préféra voir dans ce revers René présidant à une fête sur une place publique. « Il semble, dit-il, que les personnages placés devant lui sont des danseurs qui exécutent un pas. »

L'idée d'une cour de justice est plus vraisemblable, mais celle d'un ballet est plus conforme aux apparences.

A l'exergue on lit OPVS PETRI DE MEDIOLANO. M CCCC LXII.

La médaille de Laurana offre aussi les deux bustes conjugués de René et de Jeanne de Laval, la saillie des têtes est beaucoup moindre, néanmoins les traits sont tout aussi visibles, tant est habile la méthode du graveur ou modeleur ; cette médaille nous paraît même supérieure au point de vue de l'art à celle de Pietro parce qu'avec si peu de relief Laurana a su faire une œuvre aussi méritante, si ce n'est plus parfaite que son rival (1).

Monnaies féodales de France, par Poëydavant, tome II, page 335 ; mais les lys prétendus de Sicile n'étaient en réalité que les lys de France brisés d'un lambel à trois pendants.

(1) Voici l'appréciation que M. Chabouillet publiait en 1853, il y a vingt-six ans, du talent de Laurana ; elle n'est pas à dédaigner, on la croirait

La tête de René a bien le caractère boudeur de celle de Pietro, mais elle est plus noble, ici la gravité remplace la mauvaise humeur ; c'est toujours le même nez un peu camard, la bouche avancée, le menton très développé, ce dernier caractère est bien certainement particulier à René, il est accusé très nettement par le portrait de M. Chazaud et celui du triptyque d'Aix, tous deux très postérieurs probablement aux trois médailles de 1461, 1462 et 1463.

Quant à Jeanne, elle a toujours les yeux beaucoup moins ouverts que René et de plus la médaille de Laurana accuse une conformation que celle de Pietro n'a pas indiquée, c'est une légère inclinaison des yeux vers le nez; le front est bombé, la naissance du nez très encavée, mais le nez est presque droit un peu gros seulement à l'extrémité et aux ailes.

Le bonnet que porte René est pareil à celui de la médaille première de Pietro un peu plus haut toutefois ; c'est un bonnet de docteur ès-arts si je puis dire. Tel était René ; aimant à se parer de ses titres un peu problématiques dans les médailles, les sceaux et les protocoles de chancellerie, il était très insouciant de décorer sa personne des attributs du rang suprême (1).

La toque de la médaille de Pietro est plutôt celle d'un trouvère que d'un homme de guerre ou d'un diplomate.

Dans le triptyque d'Aix, René porte le même bonnet déjà signalé, et cependant il s'est paré du camail d'hermine, mais il a déposé sa couronne, un peu cachée par son livre de prières, sur son prie-Dieu.

Il n'en est pas de même de Jeanne de Laval : sur toutes

formulée d'hier tant elle a la note moderne. « Laurana ne cherchait pas » à idéaliser les personnages qu'il représentait ; c'était un réaliste naïf, en » même temps fort habile homme et qui rendait parfaitement les traits » et la physionomie de ses modèles. » *Magasin pittoresque*, 1853, p. 208.

(1) Sauf dans la médaille de Vienne où il porte la cuirasse ; mais, en roi débonnaire, il a déposé son casque à cimier fleurdelysé et sa couronne royale, et s'est coiffé de son traditionnel et commode bonnet d'artiste.

les médailles et sur le triptyque d'Aix sa tête est très ornée. Elle porte couronne (1) deux fois, sur la médaille de Laurana de 1461 et sur le triptyque. Dans les deux médailles aux bustes conjugués, sa tête est chargée de diadèmes décorés d'orfrois ou d'orfévrerie ; nous avons déjà parlé du collier à plusieurs rangs de grosses perles qui orne son col, et auquel M. Chabouillet assigne une grande valeur.

Le hoqueton de René est remarquable par un énorme col de fourrures qui se retrouve sur le portrait de M. Chazaud.

Autour des deux bustes on lit :

DIVI . HEROES . FRANCIS .
LILIIS . CRVCE QUE . ILLVSTRIS .
INCEDVNT . IVGITER.
PARANTES . AD . SVPEROS . ITER .

(1) Voici la description de la couronne de Jeanne de Laval telle que nous la trouvons dans l'acte de dépôt de l'écrin de cette princesse dressé par les doyen et chapitre de l'église d'Angers, en présence de Mgr Pierre de Laval, archevêque et duc de Reims, frère de cette dame, « le sesiesme jour de septembre 1486. »

Item une couronne d'or garnie de pierreries et perles ainsi que s'ensuit : Premièrement au cercle de ladite couronne y a dix ataches et dix couplez et en chacune atache y a cinq boucquets chacun de quatre grosses perles qui sont en nombre deux cents perles. Et en chacun coupplet y a deux perles qui sont en tout pour ledit cercle deux cent vingt perles. Item, y a en chacun desdits dix ataches, vingt ballay et en chacun coupplet ung autre ballay qui sont en tout pour ledit cercle le nombre de vingt ballaiz. Item y a en ladite couronne cinq grans fleurons et cinq plus bas, dont y en a trois des grans où il y a en chacun ung gros saphir, quatre boucquets de perles et ung ballay. Et en deux des petis y a en chacun un saphir moindre des autres. Et pareillement, quatre boucquets en perles et ung ballay.

Item et es autres cinq fleurons, n'y a nuls saphirs mais en lieu de saphirs y a en chacun deux ballays et quatre bouquets de perles comme es autres. Et en chacun bouquet y a quatre perles qui sont pour lesdits dix fleurons en tout cent soixante perles, quinze ballaiz et cinq saphirs et se montent toutes les pierres de ladite couronne trois cent quatre-vingts perles, trente-cinq ballais et cinq saphirs. Et poize la dite couronne, le tout ensemble, quatre marcs six unces. *La Cathédrale d'Angers. Ecrin de Jeanne de Laval*, par M. Godard Faultrier, in-8°, Angers, 1856.

Ce sont quatre vers, prétendus léonins, qui riment à la condition qu'ILLVSTRIS sera pris pour ILLVSTRES. Ils signifient, ou à peu près :

Ces demi-dieux que les lys de France et la croix (de Laval-Montmorency) rendent illustres s'avancent côte à côte vers le Ciel, où ils se préparent une place.

Le revers de cette belle médaille de neuf centimètres de diamètre (on voit que nos photographies sont assez réduites) représente une femme vêtue à la grecque tenant un rameau de la main droite et déposant un casque grec sur un chicot ou tronc d'arbre crevassé dont il part une seule branche verte ; on retrouve partout ce chicot sur les sceaux de René, dans les enluminures des manuscrits exécutés sous ses ordres ; à sa droite est une cuirasse antique déposée à terre.

M. Chabouillet a pensé (*Magasin pittoresque*, 21e volume, année 1853, page 207) que cette médaille, qui porte autour du type ci-dessus décrit, les mots PAX AVGVSTI faisait allusion à la paix jurée au roi Louis XI par René et le comte du Maine en 1465 à l'occasion de la ligue dite du *bien public*, circonstance où René retrouva l'énergie et la décision qui lui avaient manqué dans des moments moins graves de sa vie. M. Chabouillet pense que la médaille est datée suivant l'ancien style de 1463, bien qu'elle appartienne à l'année suivante où ces faits se sont passés ; on ne trouve en effet en 1463 aucun événement mémorable auquel cette médaille puisse faire allusion.

M. Lecoy de la Marche, à la page 125 de son excellent livre le *Roi René*, où il mentionne les médailles dont nous parlons, avoue son impuissance à leur trouver un sens. M. Chabouillet qui, vingt-deux ans auparavant, avait recherché les motifs de leur émission, avait fait remarquer qu'on peut et qu'on doit probablement attribuer les mêmes causes, c'est-à-dire le serment de fidélité de René et de son frère Charles, à la médaille du même Laurana représentant Louis XI, au revers de *la Concorde*.

Angers — Imp. G. Fleury & A. Dangin

DIPTYQUE

Représentant le Roi RENÉ et JEANNE DE LAVAL sa seconde femme, appartenant autrefois à la famille de Matheron, maintenant à M. Chazaud.

Iconographie des princes de la Maison d'Anjou-Sicile, par E. Hucher.

Ainsi nous sommes en présence de quatre médailles de Laurana et de Pietro di Milano, dont deux représentent chacun des époux séparément, tandis que dans les deux autres, leurs bustes sont conjugués. C'est-à-dire que nous avons trois bustes de René et de Jeanne de Laval, ce qui suffirait, dans une certaine mesure, à nous bien faire saisir leurs traits, si le moulage des bustes conjugués de Pietro n'avait produit des accidents de tréflage regrettables.

Néanmoins, si nous ajoutons à ces données les peintures du diptyque de M. Chazaud et celles du triptyque d'Aix, nous serons amplement renseignés et nous n'aurons pas besoin de recourir aux mauvaises gravures de l'Iconographie du Cabinet des Estampes dont nous dirons quelques mots plus loin.

Ces peintures en effet, même après les médailles, sont utiles à consulter, car la figure de Jeanne y est vue de trois quarts, circonstance très propice pour faire bien saisir la disposition de ses yeux beaucoup plus inclinés vers le nez qu'on ne pourrait le croire d'après les médailles.

Il en est de même de l'iconographie de René ; on apprécie mieux à leur vue, la forme de son nez qu'on a tort de croire aquilin d'après des portraits italiens sans doute, représentant un jeune homme porteur d'une toque et décoré, comme à plaisir, d'un nez fortement bossué. (Voir l'Iconographie du Cabinet des Estampes.) La même petite flatterie a pu se produire sous le pinceau de quelques miniaturistes, mais ces accidents ne peuvent prévaloir contre les cinq représentations si correctes fournies par les graveurs Laurana et Pietro di Milano, et les peintures du diptyque et du triptyque.

Ce goût pour l'iconographie accusé chez les princes de la maison d'Anjou non-seulement par les médailles et les portraits peints de René et de sa femme, mais encore par celle de leur fils Jehan de Calabre, de Charles IV d'Anjou son frère et de Ferry (1) de Lorraine, comte de Vaudemont, guerrier célèbre, gendre de René, comme époux d'Yolande d'Anjou, ce goût, disons-nous, les princes d'Anjou le tenaient de leurs père et mère Louis II, duc d'Anjou, comte du Maine et Yolande d'Aragon, sa femme qui s'étaient fait peindre en pied dans les vitraux de la cathédrale du Mans, (grande fenêtre du transept septentrional), donnant ainsi un exemple aussi rare à cette époque que profitable aux sciences historiques et iconographiques.

On pourra voir les portraits de ces personnages en même temps que ceux de Marie de Blois, femme de Louis Ier et d'autres princes d'Anjou, décorés de tout l'éclat de leurs costumes d'apparat, dans notre grand ouvrage des *Vitraux du Mans* (2), mais il n'est peut-être pas indifférent de reproduire ici les portraits de Louis II et de la bonne reine Yolande d'Aragon, père et mère de René et de Charles IV, comte du Maine ; on y verra que le nez du roi René déprimé à sa base a sa raison d'être, car semblable irrégularité existait dans la figure de Louis II.

Il n'est donc nullement étonnant de voir l'accord unanime des graveurs de médailles et des peintres de portraits à représenter le nez de René creusé à sa base, bien loin d'être aquilin, et se terminant en une grosseur un peu globuleuse.

Il nous reste à parler du diptyque de M. Chazaud et du triptyque d'Aix. On sait par la brochure que M. Chazaud a été publiée en 1877 (*Le bon Roi René*, Paris, Quantin, 1877) que ce diptyque fut très probablement peint par René lui-même et donné par lui à Jean Matheron, sieur de Salignac et de Peynier, ami du prince et son ambassadeur auprès de diverses cours.

Il représente René et Jeanne de Laval, selon l'opinion

(1) Nous donnerons plus loin la figure et la description de ces trois médailles si importantes au double point de vue historique et archéologique.

(2) *Calques des vitraux peints de la cathédrale du Mans*, grand in-folio 100 planches coloriées et 22 feuilles de texte. Les ducs et duchesses d'Anjou, et comtes du Maine sont figurés dans cinq verrières différentes, réduites au buart, dans notre ouvrage.

LOUIS II, ROI DE SICILE, DUC D'ANJOU, COMTE DU MAINE

YOLANDE D'ARAGON, FEMME DE LOUIS II

commune (1) et a été conservé jusqu'à nos jours par la famille de Matheron, dont la dernière descendante est madame la comtesse de Saint-Pons, née de Wolant de Matheron qui le vendit à M. Chazaud en 1872.

« Ces portraits, dit M. Chazaud, sont encore dans le même » sac de velours cramoisi qui les renfermait lorsque René » les donna à son compère. »

« Ce diptyque est recouvert d'un vernis du temps inimi- » table et qui a beaucoup d'analogie avec celui employé sur » les instruments à cordes des Amati, Stradivarius et autres » qui les a rendus si célèbres et dont le secret de fabrication » est perdu.

» Les peintures de ce diptyque sont très finies et les » portraits très bien peints; on y reconnaît facilement » l'influence et la couleur de la peinture flamande des Van » Eyck et Jean Hemling, desquels grands artistes il avait » été l'élève et l'ami. »

Nous ajouterons que ces peintures sont très naturalistes : René coiffé du même bonnet que dans la médaille aux bustes conjugués de Laurana a les yeux grands, le nez assez petit un peu camard et terminé en globule, la mâchoire est très forte, les lèvres sont petites, en résumé l'ensemble est assez puissant et donne à penser que le prince était d'une vigou-

(1) M. Champollion-Figeac qui se trompait quelquefois dans ses appréciations, voulait que le portrait de femme du diptyque fut celui d'une maîtresse de René nommée Capelle. Mais cette assertion ne repose sur aucune preuve et doit être reléguée au rang des hypothèses les moins vraisemblables. Cf. *Les Tournois du Roi René*, publiés par Champollion-Figeac, Firmin Didot, Dubois et Motte, in-fol°, 1826, où il est question non du diptyque original que nous reproduisons, mais d'une copie exécutée par M. Revoil ou d'après ses ordres. Cf. encore *Histoire des Rues d'Aix*, par M. Roux Alferon. Mais il existe une raison qui nous semble péremptoire et que M. Chazaud n'a pas manqué de faire valoir en partie, en rapprochant le diptyque de la famille Matheron, du triptyque d'Aix, c'est que la femme représentée dans le diptyque a les mêmes yeux à la chinoise que la Jeanne incontestable et couronnée du triptyque d'Aix. Aujourd'hui que nous avons sous les yeux les photogravures des deux peintures, le plus léger doute n'est plus possible.

reuse nature. Il porte un vêtement dont le col est en fourrures, et sur ses épaules on remarque l'ordre de Saint-Michel. Sa main gauche égrène un chapelet (1) à grains cylindriques, la droite repose sur une table ou un meuble dont aucune partie n'est visible. La figure de Jeanne de Laval forme un contraste frappant, elle est plutôt délicate et maigre, ses yeux taillés à la chinoise sont un peu tirés et ne remplissent pas complètement leur orbite, le nez est creux et l'extrémité en saillie est un peu globuleuse, la bouche est encore belle et le menton irréprochable.

Une coiffe en soie noire, avec doublure blanche couvre sa tête.

Le corps, qui se voit un peu, est mince aussi et les doigts des mains sont effilés.

On apprécie bien la grande différence d'âge des deux époux.

En somme, ce portrait achève de nous édifier sur le physique de Jeanne de Laval, et nous confirme dans le sentiment que nous avons exprimé touchant l'excellence du dessin de la médaille de Laurana.

Il ne faudrait pas arguer des yeux à la chinoise de Jeanne; cette disposition un peu maladive peut avoir été accidentelle et n'avoir pas existé lorsque Laurana fit en 1461 le portrait de la princesse.

Elle n'avait alors que vingt-huit ans, tandis que dans le portrait peint, comme René paraît bien avoir soixante-dix ans, Jeanne devait en avoir environ quarante-cinq, c'est l'âge où la femme a perdu tout le charme des jeunes années. D'ailleurs les vêtements très modestes qu'elle porte ne sont pas de nature à faire valoir sa personne.

(1) La copie de ce diptyque que l'on croit due à M. Revoil, a été reproduite dans le beau livre de *Jeanne d'Arc* par M. Vallon, page 149, c'est évidemment une œuvre moderne. Le chapelet à grains cylindriques et dont on veut faire l'ordre du *Croissant*, a été complété et on a augmenté son importance; de plus l'encadrement architectural est de mauvais style; c'est du gothique troubadour tout au plus digne de l'année 1820. Qu'on compare ces détails apauvris avec l'exquise ornementation du triptyque d'Aix, et l'on n'éprouvera plus le moindre doute.

Examinons maintenant le triptyque d'Aix: c'est un magnifique ensemble digne du plus haut intérêt, composé d'un tableau central, de deux volets intérieurs et de deux autres extérieurs; plus, d'un dais architectural peint, placé au-dessus du tableau central. Le tout est sur bois très finement traité et paraît dû d'après de très récentes recherches, dont MM. Lecoy de la Marche et Chazaud ne disent rien, au pinceau d'un peintre d'Avignon nommé Nicolas Froment « qui a fait *rubrum* (pour rubum) quem viderat moyses ». (*Compte des menus plaisirs du roi René de l'an 1475 à l'an 1479*, déposé aux archives des Bouches-du-Rhône.) Ce compte mentionne, dit M. Henri Jouin, auteur de la *Notice analytique des peintures, sculptures, exposées etc. dans les galeries des portraits nationaux au palais du Trocadéro en 1878*, quatre sommes versées à ce peintre pour la peinture de ce tableau.

M. Chazaud l'attribue à Hemling dans sa brochure du *Bon Roi René* et M. Lecoy de la Marche rapporte la tradition qui en fait honneur à René lui-même (*Le Roi René*, p. 70, IIe volume) tout en exprimant des doutes à cet égard.

La représentation du *buisson ardent* donnée sur le panneau central n'est que la reproduction d'une *figure* de la sainte Vierge bien souvent représentée dans les vitraux et les peintures du moyen âge depuis le XIIIe siècle ; elle est dans les vitraux de cette époque de la chapelle de la Sainte Vierge de la cathédrale du Mans ; seulement ici ce n'est pas l'une des personnes divines qui paraît au milieu du buisson ardent, mais la sainte Vierge elle-même portant le divin enfant.

Au premier plan Moïse vêtu de rouge, gardant un troupeau de moutons, détache sa chaussure d'une main et se couvre les yeux de l'autre, afin de pouvoir supporter l'éclat de sa vision. La Vierge rayonne en effet de beauté céleste, sa figure est excellemment peinte et l'enfant Jésus est charmant. Un ange couvert d'un grand manteau parle à Moïse, les moutons, béliers et chèvres sont peints d'une manière très naturaliste, le chien qui les garde est aussi très bien traité.

Dans la partie supérieure du tableau est écrit « QUI ME INVENERIT, INVENIET VITAM ET HAURIET SALUTEM A DOMINE. SAP. »

Cette inscription est sur une ligne horizontale.

Puis vient un encadrement exquis non décrit par M. Jouin mais que nous devons mentionner, car il renferme une série de figures excellentes. D'abord dans les écoinçons existant entre l'inscription et l'arc surbaissé qui forme le haut de l'encadrement, est une délicieuse petite scène représentant exactement la chasse à la licorne qui se blottit dans le giron d'une vierge, sujet souvent traité au moyen âge, mais particulièrement identique à la scène représentée dans le *Moyen âge et la Renaissance.*

Dans cet arc surbaissé commence une série magistrale de douze rois de Juda, les ancêtres de la sainte Vierge, assis sous des dais d'architecture avec soubassements; le point de vue est au milieu de la hauteur du tableau et la perspective se fait sentir dans ces détails d'architecture.

Au bas règne une plinthe sur laquelle on lit : RUBUM QUEM VIDERAT MOYSES INCOMBUSTUM CONSERVATAM AGNOVIMUS TUAM LAUDABILEM VIRGINITATEM, SCTÂ DEI GENITRIX.

Volet de gauche. — René d'Anjou est à genoux devant une table recouverte d'un tapis à ses armes qui sont coupé tiercé de Hongrie, d'Anjou ancien et de Jérusalem, et parti d'Anjou moderne et de Bar, avec l'écu en abîme d'Aragon (1). Ce sont les mêmes armes que celles de son sceau matrice conservé aux Archives nationales. M. Chazaud les dit écartelées ce que je ne crois pas. M. Jouin n'a pas indiqué les diverses partitions.

Sur la table sont un livre et la couronne dont nous avons déjà parlé.

(1) On peut dire que c'est là le véritable blason de René, celui dont il s'est le plus servi, c'est aussi la partition dextre de celui de Jeanne de Laval.

A la gauche de René est un guerrier couvert d'une armure resplendissante, un casque couvre sa belle tête, il est surmonté d'un panache composé de trois plumes ; ce guerrier est barbu et rien ne viendrait nous renseigner sur sa personnalité si on ne lisait les quatre lettres ALEX. sur la plate de son bras droit, dont la main porte sur une épée. Il est permis dès lors d'y voir un saint, car le personnage est nimbé, du nom de saint Alexandre ; les saints de ce nom sont nombreux : on compte parmi les guerriers, saint Alexandre de Bergame, saint Alexandre de Constantinople, le saint de ce nom qui fait partie des quarante martyrs de Sébaste, etc. Cependant M. Jouin y a vu saint Maurice, patron dit-il du roi René, dans tous les cas, protecteur de l'ordre du Croissant fondé par René.

Il est certain que la présence de saint Maurice s'expliquerait mieux à côté de René que celle de saint Alexandre à moins toutefois que ce ne soit le patron du comté d'Alexandrie ; peut-être aussi cette syllabe ALEX. n'a-t-elle pas d'application au personnage.

Ce saint guerrier porte à la main gauche une lance terminée par un drapeau carré chargé d'une croix fleurdelysée à huit branches à la façon des escarboucles qu'on voit sur les boucliers des guerriers du XIIe siècle ; nul doute que le peintre n'ait voulu faire là preuve de science archéologique.

A côté est un saint solitaire à longue barbe, qu'on a pris pour saint Antoine, à qui René avait en effet dédié un ermitage à Reculée (Bourdigné, II, 216) ; plus à gauche encore sainte Madeleine, patronne de la Provence, très reconnaissable au vase de parfum qu'elle tient à la main.

Dans le bas du tableau on voit non un lévrier, mais un barbet à l'air intelligent, gardien fidèle et aimé du logis du roi.

Volet de droite. — Jeanne de Laval est agenouillée, les mains jointes devant un prie-Dieu recouvert d'un tapis à ses armes, qui sont parties de celles de René ci-dessus indiquées et de celles de ses père et mère. Ces dernières sont écartelées croyons-nous de la croix de Montmorency-Laval, armes de Guy XIV et des hermines de Bretagne (1), d'Isabelle sa femme ; un livre ouvert, richement enluminé, est placé sur le prie-Dieu.

Jeanne, la couronne ducale en tête, offre une physionomie maigre et un peu souffreteuse. Le tableau datant de 1475 au plus tôt Jeanne a alors quarante-deux ou quarante-trois ans ; tandis que René en a soixante-six ; de là la différence d'aspect des deux époux, en tenant compte surtout de la forte complexion de René. Ses yeux sont fortement inclinés vers le nez, beaucoup plus que dans les médailles italiennes émises vingt-un ans auparavant. Jeanne porte un surcot d'hermine décoré de perles et de pierreries sur une robe noire.

Derrière elle saint Nicolas en évêque bénit les trois jeunes clercs nus à ses pieds, à côté est sainte Catherine portant aussi un surcot d'hermine, sur lequel broche un manteau vert ; elle tient une palme dans la main droite, et appuie la gauche sur une épée ; tout à fait à gauche est saint Jean l'évangéliste tenant de la main gauche un calice d'où s'échappent trois petits dragons et non un seul et donnant la bénédiction de la droite au-dessus du vase.

Dais. — Sous le dais qui surmonte seulement la partie centrale, on voit au milieu de la voussure le buste de Dieu le père bénissant et tenant le globe du monde ; des groupes d'anges en adoration décorent les parties latérales.

Extérieur du triptyque. — Sur les volets fermés, en grisailles peintes, la salutation angélique. A droite est la sainte Vierge tenant de la main gauche un livre à demi fermé et pressant l'autre sur sa poitrine. Elle est placée sous un dais ornementé

(1) Disons, tout de suite, que ce blason dénote une main novice ; la croix de Montmorency-Laval est peu caractérisée. Les hermines seules sont très visibles et fort convenablement traitées. Cependant ce n'est pas là le vrai blason de Jeanne de Laval, nous l'avons découvert récemment et nous le donnerons plus tard.

Société historique et archéologique du Maine

Mamers. — Imp. G. Fleury & A. Dangin.

Le Roi René

D'après le triptyque d'Aix représentant le *Buisson ardent*.

Iconographie des princes de la Maison d'Anjou-Sicile, par E. Hucher.

et sur une base architecturale. Le tout est contenu dans une niche, à cintre surbaissé dont les assises de pierre sont en perspective, le point de vue étant à la hauteur de ses yeux. Sur le pied droit de gauche, on lit sur un papier dont un coin est relevé : *ecce ancilla domini ; fiat michi secundum verbum tuum.*

A gauche, dans les mêmes conditions d'ornementation, l'archange Gabriel tenant un rameau placé dans une sorte d'étui, gesticule de la main droite. Il est couvert d'un manteau à riche orfroy avec agraffe de grande dimension trilobée.

Sur un papier qui semble attaché au pied droit de la niche on lit en petite gothique : *Ave gracia plena, dominus tecum.*

Tel est ce curieux et beau tableau, l'une des plus belles peintures françaises du XVe siècle.

Commandé par le roi René pour sa chapelle des Carmes, il décore aujourd'hui Saint-Sauveur à la cathédrale d'Aix.

Il a quatre mètres de longueur sur deux mètres de hauteur.

La photographie de M. Braun a environ un mètre de longueur sur quarante-cinq ou quarante-six de largeur en supposant l'encadrement, et elle rend très fidèlement le tableau dans toutes ses parties.

Nous venons de passer en revue les médailles italiennes et les deux peintures du XVe siècle qui donnent avec certitude les portraits de René et de Jeanne sa femme ; il nous reste à dire deux mots des portraits gravés qu'on voit dans l'Iconographie du Cabinet des Estampes ; ces portraits sont sans valeur, à côté des originaux qu'ils ont la prétention de reproduire (1).

(1) Nous ne pouvons passer sous silence deux mauvais portraits de René et de Jeanne publiés par le *Magasin pittoresque* année 1844, page 400, sous la rubrique *Musée d'Aix*. Il existe à ce musée deux dessins à la plume que le rédacteur de l'article croit du XVe siècle. Dans tous les cas, il est évident par les détails de la couronne de Jeanne, par sa chevelure, par sa position de trois quarts et la ligne amaigrie du côté fuyant, que ces dessins sont une copie lointaine des portraits du triptyque d'Aix. Il est

Ainsi l'un des moins mauvais signé Coëlmans et qui ose mettre au bas : *hæc effigies ad vivum* etc. est gravée *d'après le musée de Matheron* dit la légende, mais il y a loin de l'original à la copie.

Dans une mauvaise série, gravée par Odieuvre, on voit paraître un roi René jeune, très différent de celui que nous connaissons par les médailles italiennes et les tableaux précités. Dans ces gravures le roi René représenté à l'âge de vingt ou vingt-cinq ans, en longs cheveux, aurait eu alors le nez très aquilin. La même particularité se rencontre dans une gravure d'origine italienne, qui peut avoir inspiré Odieuvre ; mais ces gravures sont évidemment le résultat de méprises, et nous avons les motifs les plus graves pour penser que jamais elles n'ont représenté René Ier.

Il existe une lithographie qui donne les traits de Jeanne de Laval ; elle est d'un artiste nommé Garnier, mais sa légende indique qu'elle a été faite d'après le diptyque de la famille de Matheron ; cette mauvaise lithographie ne donne aucune idée des traits de Jeanne, les yeux sont trop rapprochés du nez, et louchent désagréablement ; elle a été éditée en tête du tome II de l'*Histoire de René*, par L.-F. de Villeneuve-Bargemont. Le portrait de René du même artiste qui décore le tome Ier est tout aussi mauvais ; la figure est trop jeune et les yeux sont trop grands. De plus l'artiste a restauré le bas du tableau en faisant paraître l'extrémité du chapelet que l'on retrouve dans l'une des mains du roi.

C'est tout simplement une lithographie faite d'après la copie du diptyque de Matheron dont nous avons déjà parlé plus haut, copie éditée tout récemment par M. Vallon, dans sa belle édition de Jeanne d'Arc.

inutile de faire remarquer que la grandeur des yeux de Jeanne dénote une main malhabile à moins que ce défaut ne provienne du dessinateur de la gravure actuelle qui évidemment ne s'est pas même donné la peine de retourner ses dessins. Le Roi René porte bien le camail du triptyque, mais sa figure manque tout à fait de la majesté du type original. En somme ces portraits ne donnent pas une idée exacte des personnages.

Mamers. — Imp. G. Fleury & A. Dangin.

JEANNE DE LAVAL

Seconde femme du Roi René d'après le triptyque d'Aix représentant le *Buisson ardent*.

On voit que nos renseignements puisés à bonne source, sont plus authentiques qu'aucun de ceux dont dispose l'art moderne. Ils ont pour nous, habitants du Maine, une valeur fort grande et nous sommes heureux que la *Société historique et archéologique* ait eu l'initiative de leur mise en lumière.

NOTES COMPLÉMENTAIRES

SUR LES MÉDAILLES ITALIENNES DES PRINCES DE LA MAISON D'ANJOU.

I.

René et Jeanne n'ont pas été les seuls princes de la maison d'Anjou qui aient eu recours à Francesco Laurana et à Pietro di Milano pour léguer leurs traits à la postérité. Charles, frère puiné de René, dit Charles IV, comte du Maine, né en 1414, qui prit une part glorieuse à tous les événements du milieu du XVe siècle, qui négocia le mariage de Marguerite d'Anjou avec Henri VI, Charles, grand amateur de voyages et organisateur de tournois, voulut avoir aussi sa médaille gravée ou modelée par Laurana. D'après l'assertion de M. Heiss nous pouvions craindre que cette médaille unique ne fut perdue pour la France ; mais il n'en est rien, et bientôt cette médaille sortira du lieu où elle est conservée. D'ailleurs Combrouse, fort heureusement, l'avait vue dans la collection de M. de Montigny, aujourd'hui décédé, dont on a connu le goût éclairé pour les choses d'art et il a eu le bon esprit de la faire graver avec un soin minutieux par l'habile burin de M. Cartier fils. Cette médaille est reproduite sous ses deux faces, dans la planche 18 du singulier ouvrage de cet auteur humoristique intitulé : *Monumens de la Maison de France*, *Collection de médailles*, *estampes et portraits*, recueillis et décrits par *Guillaume Combrouse*, Paris, Claye, 1856.

Voici ce que dit Combrouse de cette médaille : « Pl. XVIII.
» Belle médaille en bronze fondu et ciselé par François
» Laurana, à l'effigie de Charles d'Anjou, comte du Maine,

» fils du roi de Sicile Louis II et frère du roi René. Le prince » Charles dont une souscription autographe se lit au bas de » ma planche, naquit à Montilz-lès-Tours, le 14 octobre » 1414, fut gouverneur de Paris, en 1435, du Languedoc, » en 1441, créé pair de France par Charles VII, servit » valeureusement ce monarque et Louis XI et mourut à » Neuvy en Touraine, le 10 avril 1472 (1473). Cette physio- » nomie fièrement caractérisée annonce le prince, le politique » et le chevalier ; elle nous rappelle les beaux types de la » statuaire italienne avant la Renaissance et les remarquables » portraits que l'on doit à l'école de Van Eyck et au pinceau » du vieil Holbein........ »

« Le revers de cette médaille n'est pas moins curieux, il » présente une mappemonde selon les connaissances géo- » graphiques du temps (1), avant que le Génois Colomb eût » découvert l'Amérique. Cette contrée se trouve désignée » sous l'indication BRVMAE. La médaille communiquée depuis » longtemps à la Société française de Géographie est aussi » intéressante, mais non moins exacte qu'un portulan du » XVe siècle dessiné par les pilotes Portugais. Elle constate

(1) Cette idée de représenter des mappemondes dans les médailles, tourmentait aussi les miniaturistes au XVe siècle ; M. de Santarem a reproduit dans son grand ouvrage, avant le *Magasin pittoresque* qui ne l'a donnée qu'en 1855, page 344, la grande lettre O du Ms. de Pomponius Mela de l'an 1417, dont nous avons déjà parlé dans notre ouvrage sur les vitraux de la cathédrale du Mans. Cette grande lettre O entourée d'anges sonnant de l'olifant, représente le monde connu en 1417 ; l'intérêt que présente pour nous cette figure c'est quelle est comme timbrée des armes du cardinal Fillastre qui dût à ses libéralités vraiment royales en faveur de l'œuvre du transept septentrional de la cathédrale du Mans, l'honneur de voir ces mêmes armes sculptées à la voûte de ce transept et son effigie peinte avec ses armes à côté de celles des ducs et duchesses d'Anjou dans les vitraux de ce transept. En jetant un coup d'œil sur le monde connu en 1417 et celui révélé par la médaille de Laurana, on voit que le progrès des connaissances humaines s'était très accentué ; dans la mappemonde du miniaturiste de 1417, il n'y a nulle place encore pour l'Amérique, indiquée au contraire très clairement par Laurana en 1460-1470.

Ce goût pour les représentations de mappemondes, le roi René l'avait aussi ; il en avait décoré ses appartements d'Angers et de Chanzé.

» de curieuses utopies sur la configuration de l'Amérique et » des données non moins étranges sur l'Afrique. « La botte » » de l'Italie est exactement rendue. Je dois, pour cette » médaille, des remercîments à M. de Montigny, qui l'avait » mise à ma disposition, à M. le marquis Henri de Lagoy » qui s'est empressé de m'envoyer un calque de la sous- » cription de Charles d'Anjou, à M. Cartier fils, dont le » burin a si bien su exprimer le haut relief du bronze et le » beau caractère du portrait. »

On voit que Combrouse n'a pas tenté même de reproduire les légendes de cette curieuse médaille, bien loin de les avoir interprétées. Essayons de le faire. La légende du droit commencée au pourtour de la tête du comte Charles, se continue dans le champ de la pièce. On y lit :

Autour : KROLVS . CENOMANIE COMES . FILIVS . LR . (1) REGVM ALVPNVS . REGIS . PATR . REGNI . PRVDĒTIA

Dans le champ : CŌSILIOQ. Le Q pourvu d'un signe d'abréviation. K . VII . IMPANT . Le P est prolongé et le T est chargé d'une barre horizontale.

Nous pensons qu'il faut lire « *Charles, comte du Maine, fils du roi Louis II, nourrisson des Rois, patron du Roi et du Royaume par sa prudence et son conseil. Charles VII régnant.* »

Au revers on lit : EVROPA . ASIA . AFRICA . et BRVMAE sur les diverses parties du monde représentées. Le tout est entouré de quatre vents sous la forme de quatre têtes de génies bouffis, et de la légende FRANCESCO LAVRANA FECIT.

La souscription de la signature Charles d'Anjou est précédée des mots « *Votre très humble et très hobéyssant subget et serviteur* ».

Ce revers a encore été reproduit dans le *Grand Atlas de*

(1) Les deux seules lettres LR juxta-posées se voient aussi sur notre vitrail de Louis II, représenté plus haut ; nous les avions déjà interprétées en 1850 par les mots *Ludovicus Rex*. Cf. *Calques des Vitraux peints de la cathédrale du Mans.*

Géographie ancienne, publié en 1842 par le vicomte de Santarem, mais d'une manière très sommaire ; on n'y peut même pas lire le nom de Laurana. Le titre mis au bas de cette représentation hâtée est « Mappemonde qui se trouve » au revers d'une médaille du commencement du XVe siècle ».

Il est certain, par tout ce que nous savons de l'époque de floraison de Laurana, que cette médaille est plutôt du deuxième tiers du XVe siècle, de 1460 à 1470.

II.

La seconde médaille dont nous voulons parler est celle de Jean, duc de Calabre et de Lorraine. Il était le premier né de René et d'Isabelle de Lorraine ; il vint au monde le 2 août 1427 ou 1426 et fut tenu sur les fonts dans l'église de Toul (1), par les évêques de Metz et de Strasbourg. Le poëte Anthoine de la Salle, auteur du petit *Jehan de Saintré* et de la *Sallade*, ayant rang d'écuyer et l'un des juges du tournoi de Saumur, fut chargé, peut-être un peu inconsidérément par le roi René, de l'éducation de son fils Jean. Dans tous les cas, ce n'était qu'après que des précepteurs plus graves, l'évêque Henri de Ville et Jean Manget, doyen de Saint-Dié, eûssent jeté dans sa jeune âme, les semences de vertu et d'honneur, qui fructifièrent plus tard et en firent un des princes les plus recommandables de cette époque. Du reste, les épreuves ne lui furent pas épargnées : dès l'âge de cinq ans, il était livré comme ôtage, à Dijon, au duc de Bourgogne en place de son père qui, esclave de sa parole, le rejoignit bientôt en prison ; c'est dans cette prison que René apprit son élévation au trône de Sicile.

René obtint enfin quelques jours de liberté, mais laissa encore son malheureux premier né dans les prisons de Philippe-le-Bon. Enfin le 3 février 1437, un traité fut conclu

(1) *Le roi René*, par M. Lecoy de la Marche, tome Ier, pages 67 et 433.

qui devait amener l'élargissement de René ; une des conditions importantes de ce traité était le mariage du jeune Jehan d'Anjou avec Marie de Bourbon, nièce de Philippe. La dot de cette princesse de cent cinquante mille écus d'or servit, jusqu'à concurrence de cent mille, à payer une partie de la rançon de René. On voit que le pauvre Jehan d'Anjou débutait mal dans la vie.

Le 7 février, le jeune prince sortit de prison et, le 2 avril suivant, l'union de Jehan et de Marie de Bourbon fut célébrée à Angers. Le duché de Calabre avec d'autres seigneuries en Provence et en Italie, furent donnés en dot au jeune prince.

En 1438, Jehan accompagna son père à Naples, menant avec lui sa jeune femme, *la quale era piccola*, dit la *Cronica del regno di Napoli* (Lecoy de la Marche). Il s'affilia à la Congrégation de sainte Marthe, fondée en 1400, pour s'occuper d'œuvres charitables, et le registre de cette confrérie conservé aux archives de Naples, garde encore le portrait en miniature de Jean d'Anjou et de Marie de Bourbon, sa femme ; M. Lecoy de la Marche qui a vu le volume dit que ces miniatures occupent les folios 13 et 14. Le mari porte un costume vert et rouge, la femme est vêtue d'une robe de drap d'or et porte à la main un chiennet d'après la mode du moyen-âge ; l'un et l'autre ont sur la tête un cercle d'or. (*Le Roi René*, tome Ier, page 169.)

Revenu dans ses duchés de Bar et de Lorraine, René, par un acte daté du 1er juillet 1445, établit son fils Jean lieutenant général de ces deux duchés, et continua à diriger de loin les affaires de ces pays ; il l'investit de plus, pour l'attacher davantage à cette région, du marquisat du Pont.

Ces princes prirent alors une part notable aux réformes introduites par Charles VII dans l'institution des corps francs dont René avait vu les inconvénients en Sicile.

Jean accompagna son père dans l'expédition glorieuse de Normandie, qui se termina par la prise de Rouen, le 21 octobre 1449, et celle de Falaise, au mois d'août de l'année suivante.

A la mort d'Isabelle, René donna le duché de Lorraine à son fils Jehan et investit son gendre Ferry de la lieutenance du duché de Bar, dont il ne voulut pas se dessaisir parcequ'il le tenait de succession. Cependant René, comme pour s'arracher aux idées tristes qui le poursuivaient, s'étant laissé aller à tenter de nouveau la fortune du côté de l'Italie. Jean son fils le seconda de son mieux dans cette entreprise hasardeuse que René sut arrêter à temps ; il se rendit à Gênes et à Florence, mais empêché bientôt par les efforts de la confédération italienne, il ne put pousser plus avant et regagna son duché de Lorraine (octobre 1455). Plus tard, renvoyé à Gênes, par Charles VII lui-même, qui n'avait pas cessé de poursuivre le retour de cette ville à la couronne, il signa, au nom du roi en qualité de lieutenant général et de gouverneur du duché de Gênes, un traité dans lequel le doge Pierre de Campofregozzo déclarait se soumettre à lui.

Cependant depuis la mort d'Alphonse, le roi René était sollicité par la noblesse napolitaine de tenter un nouvel effort. René qui ne s'en sentait plus la force ni le courage, chargea son fils Jean de répondre à cet appel. Jean arma quinze vaisseaux, fut d'abord retardé par une sédition qui éclata à Gênes et débarqua enfin à Castellamare ; il prit successivement les principales places de la Pouille et des Abruzzes et remporta le 7 juillet 1460, sur l'armée de Ferdinand, près de Sarno, une victoire éclatante, dont malheureusement il ne sut pas profiter. Cette date de 1460 nous reporte précisément au moment où florissait Francesco Laurana dont nous allons représenter par la photographie la médaille que le *Trésor de numismatique et de glyptique* a publiée d'après le procédé Collas.

Jehan d'Anjou a alors trente-trois ans ; le graveur lui a donné une coiffure à haute forme fort en usage à cette époque et dont nous avons vu un diminutif sur la tête de René. Ici la hauteur est excessive et s'accroît encore de la manière dont ce bonnet est porté. La médaille semble d'ailleurs modelée un peu sommairement, les traits du prince rappellent sans doute ceux de sa mère Isabelle et n'ont rien emprunté au visage de René. La légende porte IOHANES DVX CALABER et LOTHORINGVS . SICVLI . REGIS . PRIMOGENITVS.

Le revers représente un temple surmonté de la statue de l'archange saint Michel, tenant une lance d'une main et un bouclier de l'autre. Le temple est recouvert d'un dôme et l'entablement porte sur six colonnes d'ordre corinthien ou composite. Une porte carrée laisse voir quelques détails de l'intérieur du temple. Autour la légende : MARTE FEROX . RECTI CVLTOR . GALLVS Q REGALIS. Le Q présente le même signe d'abréviation que la médaille précédente, de Charles d'Anjou, les quatre premiers mots sont faciles à comprendre : le *Marte ferox* fait sans doute allusion à sa victoire récente. Nous croyons que les mots GALLVS REGALIS signifient soutien de la royauté (de Sicile bien entendu) (1).

L'année suivante vit le sacre de Louis XI, ni René ni Jean n'assistèrent à cette cérémonie ; d'après M. Lecoy de la Marche qui réforme en cela dom Calmet, tous deux étaient retenus par des motifs divers, Jean surtout par sa tentative personnelle sur le royaume de Naples. Du reste le chroniqueur Chastelain affirme que René envoya au sacre toute la noblesse d'Anjou.

Cependant Jean peu satisfait de ses efforts espéra intéresser le roi Louis XI à ses projets, et favorisa un projet de mariage entre Anne de France fille du roi encore au berceau

(1) Voici une des rares circonstances dans lesquelles le coq joue officiellement un rôle incontestablement noble, *Gallus que regalis* c'est-à-dire le *Coq de la royauté de Sicile* ne peut évoquer qu'une idée de bravoure et d'initiative chevaleresques. Jean de Calabre n'est-il pas en effet le soutien toujours combattant des prétentions royales de son vieux père. Il est fort curieux de retrouver, en plein XVe siècle, cette appréciation du coq dont nous avions fait naguères un emblême national.

Les auteurs du *Trésor de numismatique et de glyptique* avaient cru lire en exergue : FRANCISCVS CAVRANA. Il y a bien réellement FRANCISCVS LAVRANA.

et Nicolas, marquis du Pont, son fils âgé alors d'environ treize ans. La dot de la princesse devait servir à solder l'armée du duc Jean.

Cependant la fortune devint contraire à ce dernier et dans « un combat décisif livré à Troia, en Capitanate, le 18 août » 1462, le duc Jean fut mis en déroute, ainsi que le con» dottière Piccinino et les barons napolitains ses alliés. Ce » fut, au dire des annalistes italiens, un des plus grands faits » d'armes du siècle ; après une lutte de six heures dans » laquelle il périt de part et d'autre une quantité de monde, » les Angevins laissèrent aux mains des Aragonais trois » cents prisonniers et cinq cents chevaux et se retirèrent à » Castellamare où se tenait leur escadre ».

Piccinino ayant conseillé au duc Jean un acte de perfidie, celui-ci fit au condottière une fière réponse qui dénotait une âme grande et vraiment française. Mais les Napolitains se souciaient peu de ces nobles sentiments et ils l'abandonnèrent à son malheureux sort. Cependant Jean n'était pas encore abattu, il espérait toujours voir arriver de France quelque secours ; mais Louis XI partageait, sur ce point, les répulsions des Napolitains et se rejeta du côté du duc de Milan, l'allié des Aragonais. Le duc Jean revint, la mort dans l'âme, dans son duché de Lorraine en 1464.

C'était le moment où une ligue formidable dite du *bien public*, s'organisait contre la couronne. La plupart des grands vassaux étaient entrés dans cette association qui mettait la monarchie à deux doigts de sa perte. René s'abstint, bien que son fils Jean s'apprêtat à se joindre aux mécontents, excité qu'il était par la déloyauté du roi dans les derniers événements ; René fit plus, il pesa sur son fils et lui envoya Guillaume d'Haraucourt, évêque de Verdun pour le rappeler à l'obéissance : lorsque son fils arrivait à marches forcées de la Lorraine, pour se joindre aux ducs de Bretagne, de Berry et de Charolais, René lui envoya une lettre pressante par Gaspard Cossa un de ses amis personnels. Louis XI lui écrivit de son côté, mais sans succès, Jean était trop ulcéré contre lui. Cependant, la lutte se continuait et dès qu'il le put, René entama des négociations qui mirent fin à cette funeste campagne, et décida le duc Jean son fils à seconder ses tentatives de pacification. C'est en effet dit M. Lecoy de la Marche, à l'instigation de ce dernier que les autres princes se décidèrent à mettre bas les armes et à signer les traités de Conflans et de Saint-Maur. Le duc de Calabre exigea d'abord que le roi renonçât à l'alliance de Ferdinand d'Aragon. — Le roi le lui accorda et lui promit même pendant trois ans un subside de cent mille écus d'or pour l'aider à reconquérir le royaume de Sicile, promesse décevante et que le rusé monarque ne devait pas remplir, Jean reçut en outre une somme de soixante mille écus comme rémunération des services qu'il avait rendus à Gênes et un peu plus tard une pension de vingt-quatre mille livres comme récompense générale.

Il fut dispensé de l'hommage de différentes seigneuries de Lorraine, attribuées, depuis un certain temps, au baillage de Chaumont, en considération, disent les lettres du roi, « de ce qu'il s'est curieusement employé à la pacification des » différents qui ont esté entre nous et aucuns seigneurs de » notre sang. » Il obtint enfin la garde ou le gouvernement de plusieurs places voisines de son duché, Toul, Verdun, Châtel-sur-Moselle, Vaucouleurs.

En 1466, les Etats de Catalogne à la mort de l'infant de Portugal appelé par eux au trône d'Aragon, jetèrent les yeux sur René et son fils et demandèrent par lettres si le premier serait disposé à envoyer « le très illustre duc de Calabre en Catalogne ».

René accepta pour lui-même ce trône qui lui était offert par ceux même qui lui avaient enlevé le sien et nomma le duc Jean son lieutenant général. Ce dernier franchit les Pyrénées, fort du soutien de Louis XI qui néanmoins lui fit défaut, comme d'habitude. Entré en maître à Barcelone, Jean y organisa un gouvernement régulier. Cependant de nouvelles forces étaient nécessaires, Jean vint en Provence pour lever des troupes, « son père s'y rendit en 1469 et continua les » préparatifs à l'aide d'un subside de soixante-dix mille » florins que les états du comté venaient de voter, grâce au » zèle de Jean Cossa. Jean recommença l'année suivante une » campagne heureuse et tout semblait présager la soumission » complète de l'Aragon, quand un coup de foudre vint ruiner » les espérances de son parti. Une mort presque subite enleva » ce vaillant guerrier le 16 décembre 1470, à Barcelone. Il » était dans la vigueur de l'âge et de la santé. Le bruit » courut qu'il avait été empoisonné, et l'examen de son » corps parut justifier cette supposition ; mais on ne découvrit jamais d'où venait le crime.

» René qui était de retour à Angers depuis quatre mois fut » profondément ébranlé à cette terrible nouvelle. Les éloges » unanimes qu'il entendit prodiguer au prince défunt et que » l'histoire a souvent répétés depuis, adoucirent quelque » peu sa douleur ; mais il essaya en vain de lui trouver un » successeur capable de terminer son œuvre. »

Nous sommes heureux d'avoir pu mettre cette noble figure sous les yeux de nos confrères ; certes, cette physionomie simple et modeste contraste vivement avec les portraits français du XVIe siècle, habillés en empereurs romains, ou ceux de l'époque de Louis XIV où l'on allait jusqu'à faire des dieux des personnages célèbres ou simplement marquants. Le Moyen-âge, il faut le dire bien haut, a été une époque de labeur sérieux et d'efforts héroïques où la flatterie tarifée et la basse adulation ont laissé peu de traces. C'est un motif pour nous de travailler plus énergiquement à sa réhabilitation.

III.

La troisième médaille dont nous allons mettre la photographie sous les yeux de nos lecteurs est peu connue, nous ne l'avons encore vu mentionner nulle part ; il s'agit d'une médaille de Pietro di Milano exécutée sans doute aussi de 1460 à 1470 ; celle de Ferry de Lorraine, comte de Vaudemont.

Voici la description de cette médaille ; son diamètre est de huit centimètres. Le duc Ferry est coiffé d'un bonnet à poils longs avec petits bords relevés, il porte un habit très simple, sa figure est régulière et expressive ; autour on lit : FEDERICVS . DE . LOTORINGIA COMES . VAVLDEMONTIS . SENESCALLVS . PROVINCIE . OPVS . PETRI . DE . MEDIOLANO.

Le revers représente Ferry lui-même, à cheval, reconnaissable à son bonnet à poils, armé de toutes pièces, portant un petit manteau flottant et levant avec le bras droit un bâton de commandement. Ce revers est pourvu de deux attaches, comme si cette médaille, déjà percée d'un trou au sommet, avait été fixée quelque part de manière à laisser visible le côté de la tête. Ce cavalier rappelle les types des médailles consulaires et impériales.

Ferry, né vers 1424, succéda à Anthoine, son père, dans le comté deVaudemont ; il était déjà comte de Guyse par son mariage avec Yolande d'Anjou, fille du roi René (1444).

Ferry fut envoyé dans le royaume de Naples par son beau-père ; il y rejoignit le duc Jean et eut une grande part à la victoire de Sarno dont nous avons déjà parlé (1460), on sait comment cette campagne se termina. Ferry étant allé en Catalogne à la suite du duc de Calabre, se conduisit vaillamment devant Céréal, et mit en déroute les Aragonais qui en faisaient le siège. Il les poursuivit jusqu'à Ampurias dont il se rendit maître. Etant venu de là rejoindre le duc Jean à Barcelone, il alla avec lui, mettre le siège devant Girone, qu'ils emportèrent au second assaut ; les autres villes de la Catalogne se rendirent ; il étouffa dans le sang des mutins une révolte qui eut lieu à Tourille, ville soumise en apparence. De la Catalogne, il porta ses armes avec le duc Jean dans l'Aragon et mourut en 1472, à l'âge de quarante-sept ans.

La princesse Yolande l'avait rendu père notamment de René qui devint René II de Lorraine, et de Jeanne, femme de Charles V d'Anjou, comte du Maine.

La mort de ce capitaine, qui suivit de bien près celle de son beau-frère et compagnon d'armes, le duc Jean, acheva de ruiner les espérances de René du côté de l'Aragon.

La curieuse médaille que nous publions pour la première fois a été acquise récemment par le Cabinet des Médailles de la Bibliothèque nationale, M. Chabouillet étant conservateur.

Ainsi nous aurons pu grâce aux produits de l'art italien faire connaître du même coup avec les traits de René et de Jeanne, ceux de son fils, de son gendre et de son frère puîné qui nous est particulièrement cher.

Il est peu de familles princières du XVe siècle qui aient eu en France la même bonne fortune.

Mamers. — Typ. G. FLEURY et A. DANGIN. — 1879.

www.ingramcontent.com/pod-product-compliance
Lightning Source LLC
LaVergne TN
LVHW050304090426
835511LV00039B/1424

* 9 7 8 2 0 1 2 5 5 6 3 6 2 *